प्रेम की राह... प्रकृति

डॉ. पारुल त्रिपाठी

BlueRose ONE
Stories Matter

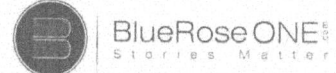

© Parul Tripathi 2023

All rights reserved

All rights reserved by author. No part of this publication may be reproduced, stored in a retrieval system or transmitted in any form or by any means, electronic, mechanical, photocopying, recording or otherwise, without the prior permission of the author.

Although every precaution has been taken to verify the accuracy of the information contained herein, the author and publisher assume no responsibility for any errors or omissions. No liability is assumed for damages that may result from the use of information contained within.

First Published in January 2023

ISBN: 978-93-5628-908-6

BLUEROSE PUBLISHERS

www.BlueRoseONE.com

info@bluerosepublishers.com

+91 8882 898 898

Cover Design:

Parul Tripathi

Typographic Design:

Rohit

Distributed by: BlueRose, Amazon, Flipkart

डॉ. पारुल त्रिपाठी को अध्यापन का 22 वर्षों का अनुभव रहा है और उन्हें राष्ट्रीय तथा अंतर्राष्ट्रीय पुरस्कारों से सम्मानित किया जा चुका है। इन्होंने राष्ट्रीय और अंतर्राष्ट्रीय सम्मेलन व संगोष्ठी एवं कार्यशाला को संबोधित किया है। इसके साथ-साथ इन्हें 'सर्वश्रेष्ठ पेपर प्रस्तुति' पुरस्कार से भी सम्मानित किया गया है।

परामर्श व सहायक विषय पर डॉ. त्रिपाठी 'Step ahead for bright future' पुस्तक लिख चुकी है। प्रस्तुत पुस्तक *प्रेम की राह.. प्रकृति* अध्यात्म की तरफ एक छोटी सी पहल है। आपके सहयोग एवं सराहना के लिए सदा आभारी!

- डॉ. पारुल त्रिपाठी

एक लम्बे विचार मन्थन से उत्पन्न इस पुस्तक को लिखने की प्रेरणा आप है जी हाँ, हर वो पाठक जिसके हाथ में यह पुस्तक है उसे प्रणाम-आदर-अभिनन्दन, क्योंकि पुस्तक की सार्थकता पाठक से ही सम्भव है।

यह पुस्तक एक सफर है जिसको की हम सभी तय करते है, जीवन के उतार-चढ़ाव हमे जो कुछ भी सिखाते है वही हम सबको बताते है या कहे कि साझा करते है, सच कहूँ तो कई बार लगा कि ये सब तो सब जानते ही है फिर क्या बताना क्या बोलना पर, फिर लगा पता होते हुए भी जब दोहराते है तो वह चीजें ताजा हो जाती है जो पुरानी और कुछ धुंधली सी हो गई है।

बस इसी सोच के साथ आपकी और अपनी जिन्दगी को जोड़ते हुए कुछ अनुभव आपके साथ बाँटने के उद्देश्य से यह पन्ने आपको समर्पित करती हूँ।

सच मानिये लेखन वो कला है जो परमात्म प्रेरणा के बिना कदापि सम्भव नहीं है। अपने लेखन के समय पर मैंने यह अनुभव किया कि जब हम लिखने के कार्य में डूब जाते है तो सचमुच ऐसा लगता है कि हम लिख ही नहीं रहे कोई शक्ति काम कर रही है और कलम से शब्द खुद ही निकलते जा रहे है। दोस्तों ये अनुभव बताते हुए मेरे रोंगटे खड़े हो रहे है। इतना अच्छा मुझे कभी नही लगा या यूँ कहे मैं कितनी आनन्दित और अविभूत हूँ कि परमात्मा ने मुझे वो कलम दी जिसमे शब्द उनके है और नाम मेरा हो रहा है।

आपके मन में कभी भी ऐसी भावना जगे तो कभी उसे दबाये नही इस अनुभूति का रस जरूर ले विश्वास नहीं होता तो अब आज से अनुभव करियेगा 'योग' जैसी शान्ति मिलती है एक समाधि है जिसमें जीवन भी कम लगने लगता है।

आज मैं ऐसा महसूस करती हूँ कि दुखः या सुख जो भी हो जीवन में यदि बिना घबराये उसे पूरी तरह से जिया जाये, उसको देखते हुए आगे बढ़ा जाये तो वो आपके जीवन की गति को कभी रोकता नही है अपितु आपको एक पाठ सिखाकर सदैव कुछ सीखते रहने का आगे बढ़ने का साहस देता है।

आपके जो शक्तियों का भण्डार है उसके बारे में आपको जाग्रत करता है।

आप अपने अनुभवों से अगर दूसरों को लाभान्वित करते है, उन्हें जीवन की कला का कोई ज्ञान दे पाते हैं तो ये तो बहुत सुन्दर बात हो सकती है पर मित्रो ज्ञान बिना मार्ग सामने वाले की मर्जी के बगैर मत दीजिएगा वरना शायद वो इतना प्रभावी ना हो तो जो जानना चाहे इच्छुक हो सिर्फ उसके साथ ही साझा करे।

कविताऐं कुछ इस तरह से आती है मेर जीवन में जैसे धूप के बाद छाया और यही जीवन का भी सार है सदैव दुख और सुख साथ-साथ चलते है। दुख के साथ सुख और सुख के बाद दुख आना जाना रहता है परन्तु हम दुख को इतना कसकर पकड़ लेते है कि सुख छुट जाता है तो यदि हम हाथों को खुली छोड दे और दुख-सुख को समान भाव से देखना शुरू कर दे तो जीवन कितना आसान हो जायेगा तो क्यो ना आज से ही इस पर काम करे बहुत आराम से बैठकर एक फिल्म की तरह जिन्दगी को देखना, शुरू कर दे तो बड़ा मजा आने वाला है जिन्दगी जीने में बस बिना घबराये हमेशा गतिशील होते हुए जो भी कार्य करना है उसे ईमानदारी से करते चले जाये।

अनुक्रमणिका

कूह कूह 1
मन रमा रहे 3
जलतंरग 5
चाँदनी गुडहल 7
चित्रकार 9
समभाव 11
परमात्म प्रेरणा 13
छाया माया 15
बाकी सब झूठा है 17
गुरू महिमा 19
तेरे पास है 21
स्वर्णिम अवसर 23
'एहसास' 25
प्रभु को अर्पण 27
अमृतवेला 29
"मैं कौन हूँ" 31
जीवन 33
अराध्य 35
मैं जो कहूँ 37
नाता 39
अलौकिक 41
मैं खुश हूँ 43

कूह कूह

कोयल की कूह कूह ने यह तो तय कर दिया कि
वक्त बदलेगा समा बदलेगा जरूर।
धीरज रख मेरे दोस्त तेरा दामन भरेगा
ऊपरवाले का रहम हर तरफ बरसेगा।
ना हुआ है वो भी होगा जरूर
हौंसले से काम लें ना हो मजबूर
इतना तो कर यकीन के तू है नहीं कायर
तेरी हिम्मत तू ही है और वो नहीं फ़िज़ूल।
आते-जाते समन्दर की लहरों की तरह
मन में उमंग भर ले नई तरंग
भर नया जोश ले नई उड़ान
ना थमा है तू ना थकेगा तू
रख ये यकीन पक्का वक्त
बदलेगा समा बदलेगा जरूर।

मन रमा रहे

मन तुझमे लगा रहे हर पल बस याद तेरी आये हर पल
कुछ ऐसा कर दे अब दाता रूक जाये सारी ये हलचल
हो जाये शान्त मेरा मन यूँ जैसे तू साथ मेरे हर पल।
चंचलता परिवर्तित होकर के अचल अशान्त को शान्त सदा
हर रिश्ते से ये मोह मेरा जकडे जाता है मुझको जो
तेरे प्रेम में मुग्ध रहूँ।
हो जाऊँ मुक्त सभी से मैं
कोई मोह नही माया भी नहीं
बस तेरी छाया में बैठू
तुझसे बातें होती ही रहें
चलता ही रहे अब ये सिलसिला
बस मन तुझमें रमा रहे हरदम-हरदम

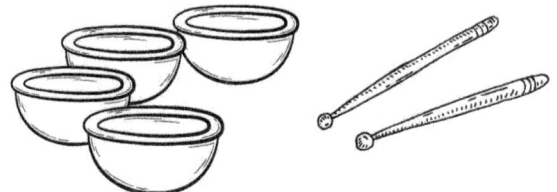

जलतंरग

मन की तरंग ज्यों जलतंरग
बढ़ती-घटती, उठती-गिरती
हर पल नाचे मन मयूर होकर मगन
ये भाव यूं आते गये बस झूम-झूम
और घूम-घूम बादल गरजे
बिजली चमके रिमझिम बरसे जल-थल झलके।
चिड़िया चहकें, कोयल कूंके,
पत्ता पत्ता लहराता है
फूलों की क्यारी भरी-भरी
हर ओर धुला-धुला खिला-खिला उपवन
आती-जाती ये हवा मगन,
ले कर सुगन्ध मन मन्दिर में
प्रभु का है वास सब कुछ हैए खास
उल्लास-हर्ष से परिपूरित ये छ्टा बड़ी ही मनमोहक
गीली मिट्‌टी सोंधी-सोंधी,
नन्हें पौधों को गर्भ लिये,
करती सूरज की बाट गोह
जब जन्म धरा पर लेगा ये
तब उपजे फिर
नव स्वप्न हरित ये चमत्कार
करती, प्रकृति हर बार नया यूँ रूप लिये।

चाँदनी गुडहल

चाँदनी के कान में गुडहल ने जाके यू कहा
श्वेत के संग सिंदूरी घुल मिल रहा
जैसे शान्ति में प्रेम का रंग हो मिला
यू धरा पे संग दोनो पुष्प शान्ति-प्रेम रस लेके आज,
कह रहे शीतल पवन से चल तू धीरे गीत मध्यम गाकर के मगन
वर्षा की बूदों ने देखा जो सौन्दर्य ये
वो भी हो ली यू पवन संग नाचकर भू पर न्यौछावर
ले बलैय्या इस छटा की हो गई मदमस्त यू,
झूमकर जब सब मिले होकर मगन है,
क्या कहे अब कहने को ना शब्द ही है।
मधुर मधुरता आँखों से यूँ पी रही हूँ
मै धरा पर आज हूँ सौभाग्य मेरा,
इस छवि पे बलि-बलि मै जाऊँ दाता मेरे।
तुम हो अनुपम ये निरन्तर लग रहा,
मै तुम्हारा अंश हूँ इस बात पर इतरा गई मै
इस छवि मे आज तुमको पा गई मै

चित्रकार

चित्र तू चित्रकार भी तू कला है तू कलाकार तू
ये कैसी विचित माया है तेरी हर कण में तू हर क्षण में तू
वसुन्धरा से गगन तलक तेरी ही छवि तेरी चमकत्कार
ये जो टिमटिमाते तारे जमी पे आज दिख रहे
पर्वतों की श्रृंखला पे जमी दिखे
इस अद्भूत रूप का ना कोई आदि ना ही अन्त है
इस कला में वो रंग हो जो हर रंग से परे बया
तुझे क्या कहूँ मेरे परमात्मा
तू हर घड़ी ये जो दे रहा तेरा प्रेम तेरा स्पर्श
मेरी आत्मा को है छू गया ना मै कह सकूँ वो सुकून है।
तेरी गोद में जो मै हूँ सदा तेरी ममतामयी छवि मे
मै बड़ा ही मदमस्त हूँ।
शत् शत् नमन मेरे परमपिता मै तेरा हुआ तू तो है ही मेरा सदा

समभाव

समभाव की समभावना देकर किया अविभूत यूं
मेरा हृदय प्रभु प्रेम से यूं भर गया
झलकता है प्रेम हर पल अब निरन्तर अविरूद्ध
मुझमे तुम हो या मै तुम हूँ रिश्ता, ये मन हर्षा गया
पागलों सा घूमों मै झूम जाओं नाचे जाऊँ गाऊँ हरदम गीत ये
क्या बताऊ क्या है मैने पा लिया तुम हो मेरे मैं तुम्हारा
अब ना कोई कामना तुमसे मिलकर तुमको सुनना
तुमसे कहना है सुखदय भावना।
इतना विलम्भ हुआ ही क्यों अब सोचता हर पल ये मन जब एक ही
है हम तो फिर खोजना यह भाव मन को दे रहा सम्पूर्णता।

परमात्म प्रेरणा

सहसा जगा है भाव नहीं परमात्म प्रेरणा मिली
होकर मगन अब नाचता मन सहज जागा प्रेम ये
प्रभु हो मेरे संग आप या मैं आप में अब मिल गया।
होकर तुम्हारा अंश जन्मा अब तुम्ही में समा गया।
रमणीय है रमना तुम्ही में जाग्रत यही अब भाव है
कैसा है अद्भुत भाव ये जब हो ना कोई भावना
ना लोभ कोई मोह अब अपेक्षा-उपेक्षा से परे
उड़ता हूँ बिन पंखों के इतना सूक्ष्म, भारविहीन
ये चमत्कार आपका चमका रहा संसार मेरा
मैं निखरता और संवरता जा रहा इस भाव से
भीतर की इस यात्रा में हिचकौले, लेते जा रहा हूँ।

छाया माया

छाया माया गहरा साया हर ओर से जब हो भरमाया
तब- परमपिता का सहज संग हर मुश्किल से बाहर लाया
विचलित ना हो धर धीर तू अब हो ना अधीर,
बस यही बात दोहराता चल हर पल हर दम बस मन ही मन
जैसे - जगमग जगमग तारों संग, चन्दा मामा की शीतलता।
हँसते फूलों की बगिया पे, वर्षा की बूंदों की लड़िया।
सर्दी में गर्माई देती, सूरज की झिलमिल लालिमा
वैसे ही - कलकल नदिया में, चली मगन अब राम नाम की नैय्या है
क्यों करे फ़िक्र जब प्रभु मेरा खिवैय्या है।
इसलिए ना हो भयभीत जरा, अब क्या माया? क्या साया?

बाकी सब झूठा है

जो छूटा है, सब झूठा है जो पाया है वो अनूठा है।
अब तक मैं जिस मृगतृष्णा में खोया था, वो धोखा था।
जब गया पास तो जान गया, सबसे तू दूर भला है।
ये जो है बस ये ही है, ना थोडा-ज्यादा इसमें
कुछ बस हर पल बढ़ता जाता है, ये तो बहता वो झरना है
जो अविरल गिरता जाता है, आदि ना कोई है अन्त यहा
यह अमर प्रेम का नाता है, जिसमें डूबा तो पार हुआ
इसको ना छुआ ना देखा है
हरपल यूं बढ़ते जाते इस एहसास का कोई ओर छोर नही
ये नाता जो तुम संग बना, ये अनूठा है बाकी सब झूठा है।

गुरू महिमा

गुरू महिमा तेरी क्या मैं कहूँ, दी परमात्मा की राह मुझे
मुझ तिनके को कर दिया खास, कहकर हर रचना को सुन्दर
अविभूत हुआ यह हृदय मेरा पाकर सानिध्य आपका
मुझ निर्बल को सबल बनाया है, अद्‌भुत आपकी ये माया है
आभारी हूँ नतमस्तक हूँ, बाणी अब साथ नहीं देती।
उद्‌गार हृदय में अधिक जगे ज्ञाता हो जान ही जाओगे।
मेरे मन के उद्‌गार सभी मेरी श्रद्धा के पुष्पों को
कर लोगे आप स्वीकार सभी।

तेरे पास है

तू जो ढूंढ़ता हे यू दर बदर, तेरे पास है तेरे साथ है।
तुझे हो पता कि नहीं मना, तुझमें ही है जो तू ढूंढ़ता।
कभी मन, कभी तन, कभी माया के अहंम में
जिसे खो दिया तूने ऐसे ही वही चीज मेरी अज़ीज है जो गुम गया।
अपनी ही धुन में जो तू पा गया ना वो खोज अब वो मेरा मना
यही बैठ अब ज़रा जा तू थम हमदम तेरा तू ही है सदा
ना तू फिक्र कर, ना तू जिक्र कर अब से तू जीना बेफ्रिक कर
सारी बात उसपे तू छोड़ दे तेरी बात अब तो बनेगी तब
तुझे हो पता कि नहीं मना,
तू जो ढूंढ़ता हे यू दर बदर, तेरे पास है तेरे साथ है।

स्वर्णिम अवसर

सुन्दर जीवन स्वर्णिम अवसर, हर दिन हर पल अविरल
पल-पल छिन-छिन सूक्ष्म ज्ञान से आगे बढ़ते चलना।
ना रूकना ना थमना जब जब दुर्गम पथ हो बाधाएँ हो
तेरा साहस तेरा गौरव एक पल एक क्षण ना कम हो
उगते सूरज सा तेज रहे, चन्द्रमा सरीखी शीतलता
होकर सामान्य कर कार्य असामान्य बन जा मिसाल धरा पर
छोटा ना समझ ना कम कोई काम समझ कर पूरी निष्ठा से
बढ़ते जाना थमना ना कभी थमना ना कभी रूकना ना कभी
चिर निन्द्रा तक सचेत तू, हर दिन हर पल अविरल
सुन्दर जीवन स्वर्णिम अवसर

'एहसास'

ये जो एहसास है तू जो पास है, बड़ा खास है।
कोई ना अब प्यास है बस तू ही आस है यही खास है।
सांसों के साथ में जो आ रहा हर बार है ये जो बात है बड़ी खास है।
बेख्याली में जो ख्याल है यही खास है।
जो था साथ मेरे सदा से ही, उसे पाकर के जो अब ये बात है
उसकी ना कोई मिसाल है
जो ये सिलसिला हुआ है शुरू, तेरे साथ में तेरे साथ-साथ
ये वो बात है जो सबसे खास है, बड़ी खास है,
अब ये जों थम गया सब पल में ही
हर पल का जो कभी शोर था
वो सुकून अब जो है रूबरू बड़ी बात है बड़ी खास है।
तूने बख्शी है जो ये रहमते सजदे में तेरे हूँ हर दफा
तेरे साथ अब मेरे ये वफा बड़ी खास है, बड़ी बात है।
तुझे भूल जाने का जुर्म अब कभी मुझसे होने ना पाये रब
हो इस दुआ में सदा नफा
के तेरा ख्याल रहे रूह में यही है दुआ मेरी हर दफा
तुझे भूल जाने की खता कभी मुझसे होने ना पाये अब
एहसास बस यही खास है, तू जो पास है, तेरी आस है।

प्रभु को अर्पण

प्रभु से मिलना प्रभु को मिलना मिलना जुलना
कुछ देर ठहर जब बाते की
जाना वो मेरी ही राह में थे पर, मैंने ही ना दिया समय
आया तो पाया वरद हस्त सब चिन्ता दुख से हुआ परे
कितना था शान्त हृदय मेरा जिस पल पाया प्रभु सानिध्य तेरा
क्यों भागा-भागा फिरता हूँ इस लोभ-मोह की दुनिया मैं
तुम से मिलकर पाया जो है वह ही मेरा और सच्चा है।
इस जीवन का है सार यही
हरर दम मिलना, मिलते रहना जुड़ते रहना, बस मिल जाना
प्रभु से, प्रभु में प्रभु को अर्पण

अमृतवेला

अमृत वेला सुन्दर सपना हो गया आज साकार मेरा
मन हर्षाया जब बरसाया प्रभु ने मुझ पर भरपूर प्रेम
मन आनन्दित हो झूम उठा यह अनुभव अद्‌भुत है मेरा
अब क्या मैं लिखूं जो पाया इस पल अभूतपूर्व
इस पल की असीम शान्ति का
मौन एकमात्र है उच्चारण
कोई शब्द नही कोई भेद नही
अविभूत हुआ भय दूर हटा
मन के तारों को झंकृत कर दे ऐसा संगीत सुनाई दे
ये बेला मधुरम, मधुरम सौन्दयर्म - सत्यम-शिवम
गूंजे प्रत्येक दिशा यह गुन्जन परम अलौकिक हो

'मै कौन हूँ"

मस्त पवन सा हल्का हूँ मैं क्यों जबरन ही बोझ उठाता
उम्मीदों का आशाओ का भावनाओं का जाल बनाता
जो होता है होने दो ना, क्यों सोचे हम क्यों होता है
जो होता है, होता है तो, होते रहने दो ना
बड़ा मजा है खुली हवा में पत्ते सा उड़ने में
दिशा ना सोचो, लक्ष्य ना सोचो
कभी-कभी बस उड़ते जाओ हो स्वच्छन्द गगन में
सब है तेरा पर मोह ना हो, प्रेम भरा जीवन हो
यही सत्य है यही सुखद है।

जीवन

लिखकर पढ़ना, पढ़कर लिखना
फिर पढ़ना और लिखते जाना
इस धुन में फिर खो जाना, तब पा जाना ये ही तो हूँ 'मैं'
इतना शीतल इतना पावन इतना सरल तो हूँ 'मैं'
फिर- क्यों डरता हूँ, क्यों छुपता हूँ क्यों यूँ ही घबराता हूँ 'मैं'
खुद से खुद की, खुद को चाहत कहने से कतराता हूँ 'मैं'
बड़ा सरल है, बड़ा सुखद है खुद से मिलना यारों
आज मिला तो पाया जीवन, सरल, सुखद और निर्मल
इसीलिए अब इस धुन में खोया रहता हूँ 'मैं'

अराध्य

आराध्य पर अब साध ले मन, तनिक इसमें ना जटिलता
जटिलता से दूर होकर, सरल हो रस ले जीवन का
है प्रपंच अनेक इस रंगमंच की धरा पर
हारे उसकी, पटकथा उसकी,
नाच बस तू यू निरन्तर
ना ये तेरा, ना तू इसका
बदल करके ये चोला नाचने फिर आयेगा
तो मोह है किस बात का अब
झूमकर के ले मजा हर क्षण का यू बस,
इसी पल में है ये जीवन
ना था पहले ना है आगे बस इसी क्षण में समापन।
स्वर्ण-मोती से भी जगमग कीमती इस क्षण की कीमत मान ले रत्न
है अनूठा जो क्षण जीवन मिला है।
जीने की कला में रिश्ता बस साश्वत,
आशक्त करता है तुझे तू आत्मा में परमात्मा
बस साध ले विचार कर है सरस ये रस,
सरलता सार जीवन का

मै जो कहूँ

मै जो कह दूँ, मै जो कर दूँ वह सब अच्छा क्यों हो?
आलोचक भी आवश्यक है, जो मुझको कुछ और संवारे
इसीलिए तो मै ये चाहूं मै ये मांगू!!
मै बनू मिट्टी कुम्हार की जिसे तपाकर सुन्दर बर्तन वो गढ़ता है।
चित्रकार का रंग बनू
वो पत्थर जिसमें काट-छाटकर सुन्दर भवन खड़ा होता है।
उपवन बन जाऊँ ऐसा जिसकी मिट्टी से माली दर्शनीय
फूल बोता है।
बसंत का वह वृक्ष बनूं जो हरदम डालों को हरा भरा रखता है।
कष्ट मिले पर बदले में वह जीवन सार्थक कर दे
यही सर्मपण देकर इस जीवन को सार्थक कर दूँ।

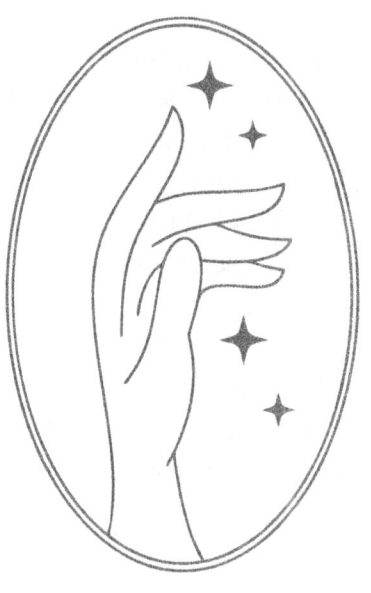

नाता

अच्छों का अच्छा कहना भी अच्छे बन्दों का सहूर है।
चलती बढ़ती इस दुनिया की भीड़ में यूँ तो हर एक गुम है।
गुमनामी में नाम कर रहा वो ही सबसे अधिक भिन्न है।
संत जिसे कहते है सब वो तुमसा मुझसा ही दिखता है।
काम अनोखे करके सबके दिल को जीते वो इसांन है।
इसलिए कर हर पल सत्संग फैला हरपल यूं न्यारापन
बन जाये सब-सब के साथी हर कोई हर किसी से खुश हो।
प्यारा हो यह जग ऐसा कि स्वर्ग की आभिलाषा ही ना हो।
सबको सबपे यू हो भरोसा जैसे सबका सभी से नाता इसी तरह हो
जग ये न्यारा, सब है अच्छा, सभी है अच्छे,

अलौकिक

कहते हो पानी है खारा, यह जीवन की है धारा
प्यासी धरती की प्यास हरे सूखी मिट्टी में जान भरे
पेड़ों की डाली-डाली हो जाती है मतवाली
फिर झूम-झूम उमड़ा बादल बिजली चमकी लड़की कड़की
बच्चों ने फिर कागज मोड़े नाव कोई जहाज संग
वह चले यूँ सपने दूर-दूर
अंगडाई संग नाचा यूं मोर दी अलख अलौकिक झठा नई अद्भुत
सौन्दर्य सजाकर के चक्षु मेरे हो गये सजल बरसा फिर तृप्ति का
संगम वर्षा अश्रु खारा-खारा हर लिया हो जैसे दुख सारा, फिर क्यों
ना बोले ये ही जीवन सुख प्यारा।

मै खुश हूँ

मै खुश हूँ बहुत खुश हूँ, क्यों खुश हूँ??
पूछा खुद से तो पाया ये ऐसा ही कुछ होता है
जब दुख के बादल आते है
आँखों से बारिश होती है और फिर सब धुल सा जाता है।
सपनों में उड़ती जाती हूँ ऊँची उडान पर जाती
जब सुबह पर आती हूँ तब जोश से उठे जाती हूँ।
सोचा है कभी इस दिल ने भी ये है तो ऐसा क्यों है?
पर फिर से जोश भर लाती हूँ क्योंकि जब-जब खुश हो जाती हूँ
परमात्मा से मिल जाती हूँ।

9 789356 289086

Printed by BoD in Norderstedt, Germany